シリーズ 貧困を考える ②

昔の貧困・今の貧困

歴史的変化　変わる貧困と変わらない貧困を考えよう！

池上　彰／監修

稲葉 茂勝／著

ミネルヴァ書房

はじめに

2015年11月8日、「日本の子ども、6人に1人が『貧困』」というショッキングな見出しが新聞におどりました（朝日中高生新聞）。6人に1人というと、一般的な小学校の1クラス（30人）のなかに、貧困に苦しむ子どもが5人いることになります。

ところが、この記事を読んだ人のなかで、実際にどのくらいの人が、日本にそうした貧困の状態があると感じるでしょう。当の子どもたちのあいだでは、貧困の子どもの苦しみを自分の身近なこととして感じることができたでしょうか。

海外では、貧困で食べる物もなく、住む家もなく……という話をよく聞きますね。貧困のために子どもが学校にいけない。働かなければならない。そうした状況を貧困だとするならば、日本の子どもの6人に1人が貧困だといわれてもピンとこないでしょう。

そもそも貧困とは、どういうことでしょう。

この「シリーズ・貧困を考える」では、みなさんといっしょに貧困について、次の3巻構成でいろいろな角度から考えていきます。

①世界の貧困・日本の貧困
②昔の貧困・今の貧困
③子どもの貧困・大人の貧困

世界じゅうの貧困のようすが、国や地域によって大きく違っていること（①世界の貧困・日本の貧困）は容易に想像できるでしょう。でも、②昔の貧困・今の貧困というのが世界のことなのか、それとも日本の話なのか、疑問をもつ人もいるでしょう。③子どもの貧困・大人の貧困は、どこの国の子どもと大人について書いてあるのかとも……。

そこで、それぞれの巻に副題をつけてみました。

①国際比較 〜世界と日本の同じと違いを考えよう！
②歴史的変化 〜変わる貧困と変わらない貧困を考えよう！
③貧困の悪循環 〜子ども時代に貧困なら大人になっても？

このように、このシリーズでは、巻ごとに異なった視点で世界と日本の貧困について考えていきます。どの巻にも、必要に応じて世界の国ぐにと日本のようすを記してあります。

みなさん！ 6人に1人が貧困という日本の実態を直視してください。それがどういうことなのか、このままの状態だと日本は、どうなってしまうのかなどについても、よく考えてください。

そしてみなさんには、貧困をなくさなければならないという気持ちを、より強くもってもらいたい！ そのために、貧困について多角的に考えるこのシリーズをつくりました。

子どもジャーナリスト Journalist for children 稲葉茂勝

もくじ

1. 戦後の日本の経済格差 …………………………… 4
2. 日本の「お金もち」の変化 ………………………… 6
3. 「貧困率」で見る日本 ……………………………… 8
4. 日本の格差が拡大するいくつかの理由 …………… 10
5. 貧富の差が大きい国アメリカ ……………………… 12
   - ●ゲットーとゲーテッドタウン …………………… 14
6. 昔と今が大きく違う国 ……………………………… 16
7. 中国の貧富の差の拡大 ……………………………… 18
8. イギリスの変わらぬ階級社会 ……………………… 20
9. IT大国インドでは …………………………………… 22
10. IT技術がうんだあらたな経済格差 ………………… 24
    - ●インターネット事情と英語の関係 ……………… 26
11. 日本の情報格差 ……………………………………… 28

- ■用語解説 ……………… 30
- ■さくいん ……………… 31

1 戦後の日本の経済格差

高度経済成長*を経験した日本人は、1980年代までは、ほとんどが「中流」（豊かではないけれど貧しくはない）といった意識をもっていたといわれています。

*1950年代半ばからの日本経済の急激な成長。1973年にオイルショックがおこり終了した。

 ## 経済格差を感じたとき

日本でも貧富の差（経済格差）は、いつの時代にもありました。しかし、戦後の混乱から立ちなおり、日本経済の発展をになってきた日本人はほとんどが、自分は「中流」だと考えていたといいます。「中流」とは、「お金もちではないけれど貧乏（貧困）でもない」ことです。

ところが「日本世論調査会」が全国でおこなった調査によると、所得の格差が「広がっている」「どちらかといえば広がっている」と感じる人が、合計で87％いたのです（2006年3月）。

当時、「ヒルズ族*」とよばれる若い「大金もち」が、テレビなどにどんどん登場。一方、路上でくらす貧しい人たち（ホームレス）も、よくテレビにうつしだされていました。

このような対照的な状況を、テレビなどで見聞きした多くの人たちが、貧富の差を痛感するようになったのです。

*東京・港区の六本木ヒルズに会社がある、IT関連企業の経営者などをさす。若い経営者が多い。

 ## そもそも「経済格差」とは？

一般に「経済格差」とは、「貧富の差」の意味でつかわれます。その内容には「所得格差」「賃金格差」「資産格差」などがふくまれています。また、富める国と貧しい国との格差も、国レベルの「経済格差」とされています。

戦後の日本の経済格差

第二次世界大戦直後の日本で、焼け跡のがれきのあいだに座ってアメリカからの救援物資（ララ物資）の箱をもつ孤児たち（1947年8月12日撮影）。　写真：近現代PL／アフロ

「格差の何が悪いのか」

2006年2月1日、当時の首相小泉純一郎が国会で「格差が出るのは悪いこととは思っていない」などと発言。すると、それをきっかけにして「格差の何が悪いのか」「格差が拡大してもいいではないか」と考える人も出てきました。一方、貧富の差に不満をいだく人たちも、増えてきました。

近年では、「日本では格差が拡大していると感じますか」という問いに対して、大人の7〜8割が、「はい」と、答えるようになりました。

ワンポイント情報

「下流社会」

三浦展／光文社新書

2005年に刊行された『下流社会』（三浦展／著、光文社）という本がベストセラーになったことがきっかけとなり、「下流社会」ということばがはやった。この本には、食べるものにこまることはないけれど、社会のなかでは「中流の下」くらいにいると思っている人が増えていることが書かれている。こうした「下流」の人たちが増えている根拠として、内閣府が発表した「国民生活世論調査」を取りあげている。「あなたの生活程度は世間一般と比べてどれくらいですか」という質問に対し、1996年には、「中の下」と「下」と答えた人をあわせて28.2％だったのが、2005年には32.4％となり、その反対に「中の上」と「上」と答えた人は、11.2％から9.6％に下がっている。

「格差」ということばは、辞書には「同類のものの間における、価格・資格・等級・水準などの格付け上の差」（大辞林）などと書かれている。かんたんにいえば、「差」が大きくあることだよ。

2 日本の「お金もち」の変化

今の日本の「お金もち」とよばれる人たちは、昔のお金もちとは、大きく違ってきたといわれています。

「家柄」は関係なくなった

かつての日本のお金もちというと、先祖から引きついだ広い土地やばく大な財産をもつ人だったり、医者や弁護士といった社会的地位の高い人（それも多くは代だいつづくような家柄）だったりしました。彼らは、地味に生活し、他人には「お金もち」であることを見せないようにしていたといいます。

日本人の多くが貧富の差を実感するようになったころ、「豪邸拝見」や、「ヒルズ族の生活」などの高額所得者を紹介するテレビのバラエティー番組が多くありました。

当時のヒルズ族などは、そのぜいたくな生活ぶりを、テレビで放映されても平気でした。しかも彼らがどのくらいお金をかせいでいるかなどの具体的な数字まで、テレビなどで公開されました。

日本の三大財閥のひとつである三菱財閥の岩崎家の本邸として、1896年に建てられた「旧岩崎邸庭園」。洋館の設計は、イギリスの建築家、ジョサイア・コンドルが手がけた。

2003年にオープンした六本木ヒルズ。高さ238ｍの高層オフィスビル「六本木ヒルズ森タワー」を中心に、集合住宅「六本木ヒルズレジデンス」があり、ここに住む芸能人や経営者をさす「ヒルズ族」ということばがうまれた。

日本の「お金もち」の変化

もうかる仕事の変化

「もうかる仕事」というのも、時代とともに変わってきました。

1960年代の高度経済成長期には、製造業、建築業、商業、金融業などの大企業の社長などが高額所得者として名をつらねていました。

高度経済成長期が終わると百貨店やスーパーマーケット、不動産などのサービス業の経営者などが「お金もち」になりました。

2000年代に入ると、IT[*1]、情報通信、株取引[*2]などの分野で「お金もち」が現れました。現代の日本の高額所得者のようすは、ずいぶん変化したことになります。

[*1] インフォメーション・テクノロジー（情報技術）の略。コンピュータやデータ通信に関する技術をさす。
[*2] 株式会社が発行する株式を証券取引所などで売買すること。

3 「貧困率」で見る日本

信じられないことかもしれませんが、現在の日本は、アメリカについで貧富の差が大きい国だといわれています。豊かであっても経済格差が非常に大きいのです。

貧困率の高さがわかる！

日本は今、貧富の差がどんどん広がっています。それをしめすデータは、いろいろありますが、「相対的貧困率」（→１巻p11）という数字も、そのひとつです。

平均所得の半分以下しか所得がない人が1994年の時点では、13.7％でした。ところが、2000年になると、15.3％、2012年に16.1％と増加しています。

また、貧富の差が広がっていることは、所得・資産分配の不平等度などをしめす指標の「ジニ係数」（→１巻p11）からもよくわかります。

1979年に0.271だった日本の年間収入のジニ係数（２人以上の世帯）は、年ねん上昇して、1999年は0.301、2014年には、0.314になっているのです。

このように、昔と今の貧困を数字的にくらべてみると、日本の貧富の差は大きく広がっていることがわかります。

これまでアジアやアフリカなどの貧しい国（→１巻p9）とくらべた場合、日本は、「平等な国」だと信じる人も多くいたといわれています。しかし、相対的貧困率でも、ジニ係数から見ても、日本は、決して「平等な国」だとはいえません。

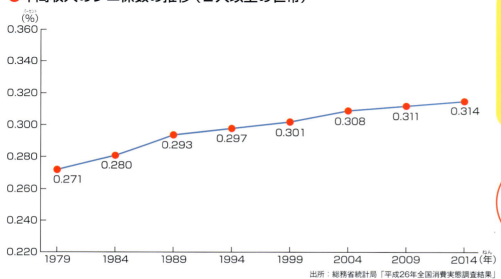

●年間収入のジニ係数の推移（２人以上の世帯）

出所：総務省統計局「平成26年全国消費実態調査結果」

ジニ係数は所得や資産分配の不平等の程度を表す数値のひとつだよ。くわしくは１巻の11ページを見てみよう。

「貧困率」で見る日本

親が私立中学や高校の出身である家庭は、子どもにも私立校を受験させ、教育にお金をかけるケースが多いという。

消えゆく平等

　日本は、昔とくらべて「機会の平等*」がなくなっているという見方があります。
　次は「機会の平等」の昔と今について、教育と就職を例として説明したものです。

●教育
　日本国憲法で国民のすべてが義務教育を受けることになっているので、教育の機会の平等が保障されているはず。だが、現在の日本では、よい教育を受けられる可能性は、所得の高い親の子どものほうが大きい。なぜなら、義務教育を終え、より高い教育をのぞむときなどには、親の所得が大きく影響するからだ。かつては、全国の都道府県にある公立の名門校から努力して一流といわれる大学に入る人がいたが、現在、そういった大学へ合格する可能性が高いのは、お金のかかる私立高校出身者だ。これは「機会の不平等」を意味する。

●就職
　職業の自由も憲法で保障されている。戦後の日本は戦前とくらべると、本人の努力しだいで自由に職業を選べるようになった。地方の農家の子どもが東京で医者や弁護士になった例はいくらでもある。反対に、親が一流企業につとめていても、子どもは企業につとめるのではなく、自分のやりたい仕事を選ぶ例も数えきれない。ところが近年、そのように大きく親子間の仕事の種類が変わることは少なくなってきたといわれている。医者になるには、大学の医学部を卒業して医師国家試験に合格しなければならないが、医学部は授業料が高く、比較的安い国公立の大学の人気が高い。でもきびしい受験戦争に勝ちぬくには塾や予備校など、高校の授業料以外の教育費が必要だ。こうした現実は、まさに所得が高い親の子どもでなければ、医者になりにくいことをしめしているといわざるを得ない。

＊「平等」には、「機会の平等」と「結果の平等」がある。前者は何かをおこなおうとするとき、機会が平等にあること。後者は、何かをした結果が平等にあつかわれることをさす。

ワンポイント情報

機会の平等の条件
　「機会の平等」が成立するには、ふたつの条件が必要だ。ひとつは「全員参加の原則」。これは、人が教育を受けたい、仕事（就職）をしたいと願うとき、そうのぞむ人のすべてが参加できる機会があたえられなければならないこと。もうひとつは、「非差別の原則」である。入学や就職試験の際、性別や年齢、学歴によって差別をしてはいけないということだ。

4 日本の格差が拡大するいくつかの理由

内閣府は2006年1月、経済格差の拡大は、高齢化などによる「見かけ上の問題」と発表しました。しかし、見かけどころか実際に拡大しているという反論が多く出されました。

高齢化による格差拡大

「高齢者が増えることにより、経済格差が見かけ上拡大している」といった政府の考えは、右のような内容です。

たとえば、年収1000万円の親と年収300万円の子ども（成人）がいる家庭の世帯の年収は1300万円。ところが、子どもが結婚などによって別の世帯をつくると、年収1000万円と300万円の世帯にわかれることになる。一方で親の方は、年をとればいずれ収入がなくなる。しかし、このような場合には、貧困層が増えているとはいわない。核家族化と親の高齢により所得の低い人（低所得者）が増えたとしても、日本の貧富の差が拡大したことにはならない。

能力主義・成果主義

近年多くの企業で、「能力主義」や「成果主義」が強調されるようになっています。これは、同じ企業で働いていても「能力」や「成果」によってしだいに収入に差が出てきてもかまわないとする考え方です。

こうした考え方が広がったことにより、お金をかせげる人と、あまりかせげない人の貧富の差がしだいに大きくなってきたことが指摘されています。

日本の格差が拡大するいくつかの理由

非正規雇用労働者

アルバイト、パートタイマーやフリーター*などの非正規雇用労働者は、正社員とくらべて収入が低いのがふつうです。今の日本は、非正規雇用労働者が増加しています。

*「フリー」と「アルバイター」を組みあわせた造語。定職につかずアルバイトなどで生活する人をさす。

非正規で働く人たちは、単純な仕事を担当することが多いため、スキルアップにつながらないという。正規への転職も厳しくなり、そのまま非正規としてしか働けなくなってしまう人が多く、格差が拡大する原因となっている。

ニートも急増

「ニート」とは、仕事につかず、通学もせず職業訓練も受けていない状態を意味する英語（Not in Employment, Education or Training）の頭文字（NEET）をとったことばです。2000年代に入り30歳前後のニートが増加しはじめました。2002年には、ニートが急増し、学校を卒業後、就職できずにニートとなり、なかなかニートからぬけだせないという状況が、社会問題になっています。

フリーターやニートも年をとっていくね。そうした人たちも加えて、高齢の低所得者の増加により、今後の日本は、ますます貧富の差が拡大することが心配されているよ。

ワンポイント情報

非正規雇用労働者

「非正規雇用労働者」とは、アルバイトやパートタイマー、契約社員、派遣社員などとよばれる労働者の総称。通常は、時間当たりの賃金が正規労働者よりも低く、待遇も悪い。雇用期間も半年、1年という短期契約が多い。日本では、1980年代から雇用者全体に占める非正規雇用の比率が上昇している。さらに1990年代後半から増加傾向がいちじるしくなり、2014年には雇用者全体の37%をこえた。

5 貧富の差が大きい国アメリカ

現在、世界一の経済大国アメリカ。
じつは、アメリカは、貧困に苦しむ人が非常に多くいて、
貧富の差がどんどん拡大しています。

1800年代後半

19世紀後半からヨーロッパでは人口が急増、その結果、食料難がおこりました。そのため多くの人が新天地アメリカへわたりました。

1880年代からは、南ヨーロッパや東ヨーロッパの人たちも、アメリカへうつりすむようになりました。もともと貧しかった彼らは、都市中心部でスラム街をつくりました。

アメリカでは、そのころから経済格差が現れはじめました。

第一次世界大戦後

第一次世界大戦後、アメリカは戦争により国力が弱体化したヨーロッパにかわって、「世界の工場」となり世界一の経済大国に成長しました。

大都市では高層ビルが建設され、ニューヨークなどは高層ビルが立ちならび、スラム街とは、対照的なまちなみができました。

ニューヨークの自由の女神像を目前にしたヨーロッパの移民たち（1892年）。

一方で、農業政策の失敗などにより、南部の農業地帯では貧しい農家がめだってきました。そして、大都市が繁栄するとともに、経済の地域格差がどんどん大きくなっていきました。

ニューヨーク市の中心をなす大都市、マンハッタン。高層ビルが立ちならぶ。

ヒスパニックの増加

近年アメリカには、中央・南アメリカからのスペイン語系移民（ヒスパニック）の人たちが移住してくるようになりました。彼らはそれまでの白人・黒人のどちらでもないあらたな社会をつくりだしましたが、多くは経済的にはめぐまれませんでした。

2006年10月、アメリカの人口はついに3億人をこえましたが、これは、ヒスパニックの人たちが増えたことによります。そして、しだいに貧困率が高くなっていきました。

世界一の経済大国

2014年時点で国内総生産（GDP）世界第1位は、アメリカです。また、国民総所得（GNI）というGDPに海外からの所得を加えた所得の総計も、アメリカが世界第1位です。さらに政府開発援助（ODA）*1も、世界一です。

これらの資料から見ると、アメリカが世界一の経済大国であることはまちがいありません。

*1 先進国が発展途上国に対しておこなう資金援助や技術協力のこと。

貧困率も高い国

貧困の基準は、国によって違います。豊かな国のなかの貧しい人が貧しい国にいけば、その国のなかでは、「豊かな人」という分類に入ることはじゅうぶんに考えられます。そこで、その国の平均的な所得の半分以下の所得しかない人を「貧困者」と見て、国民のうち何パーセントの人が貧困者なのかをしめす「相対的貧困率」により、各国をくらべることがおこなわれています（貧困には「相対的貧困」と「絶対的貧困」がある→1巻p9、p11）。

世界一の経済大国アメリカが、貧困率が高い国となっているのだから、おどろきだね。

ゲットーとゲーテッドタウン

「ゲットー」とは、アメリカで「みすぼらしい家の集まった場所」を意味しています。「ゲーテッドタウン」はその反対で、高額所得者たちの住むところです。

貧富の差を象徴することば

ゲットー（ghetto）について、すこしくわしくいうと、もともとヨーロッパの国ぐにで、ユダヤ人が強制的に住まわされた居住地区のことでした。第二次世界大戦のときには、ナチスがつくったユダヤ人の強制収容所もそうよばれました。

そうしたひどく印象の悪いことばが今、アメリカの貧困層やマイノリティ*が集まって住んでいるところをさすものとしてつかわれているのです。まさに、アメリカの貧富の差（経済格差）を象徴することばといえるでしょう。

＊多数派（マジョリティ）に対する少数・少数派。

ゲーテッドタウンとは？

ゲットーがある一方、「ゲーテッドタウン（Gated town）」とか、「ゲーテッドコミュニティ（Gated community）」とよばれる場所があります。

これは、ゲート（門）を設け周囲を塀で囲むなどして、外部からの出入りを制限した場所です。以前から軍などの施設を塀で囲んだものをさしていましたが、今では、高額所得者たちが自分たちの住む範囲を塀で囲んだ「お金もち」だけが住むところをさすようになりました。

貧困層がくらすニューヨークのゲットーの子どもたち。

ゲットーとゲーテッドタウン

ゲーテッドタウンの登場

ゲーテッドタウンは、1970年代後半から1980年代にかけて経済格差が拡大するとともに、犯罪が激増し社会不安が高まるなかで登場してきました。「お金もち」が犯罪をおそれ、自分たちのまちを塀で囲んだのです。

ところが、そのことがかえって貧しい人たちのねたみやさかうらみにつながってしまいました。

現在、ゲーテッドタウンもゲットーとあわせて、アメリカの貧富の差を象徴することばとなっています。

ワンポイント情報

自然災害とゲーテッドタウン

ハリケーンや地震などの自然災害は、経済格差に関係なく容赦なく人びとをおそう。現在アメリカでは、災害時にゲーテッドタウンが略奪の的になるといった社会問題が深刻化している。もとより経済格差の拡大は、「お金もち」にとって不安とともにくらすこと、犯罪の危険性ととなりあうことにつながるという。お金もちは自分たちのくらす場所の壁をどんどん高くしている。

富裕層のくらすカリフォルニアのゲーテッドタウン。治安のため周囲にフェンスなどを張り、警備員が門で出入りを監視する。

6 昔と今が大きく違う国

近年、経済発展がいちじるしい中国の北京。一方で、車や工場の排ガス、黄砂などによる大気汚染が深刻になっている。

世界のなかでも中国ほど、昔と今とで大きく変わった国もめずらしいといわれています。その中国の昔と今の最大の違いは、貧富の差だといっても過言ではありません。

4つの近代化

中国の「4つの近代化*1」とは、中国の工業の近代化、農業の近代化、科学技術の近代化、国防の近代化のこと。もともと1975年に全国人民代表大会の際、当時の首相周恩来により提起されたものでしたが、そのときは実行されませんでした。

1978年、それをあらためて実行したのが、当時の指導者だった鄧小平でした。彼は、「4つの近代化」をスローガンとし、「先富論」という考え方を打ちだしました。

*1 「4つの現代化」ともいう。

中国の深圳の公園にかかげられた鄧小平（1904～1997年）の肖像画。中国語で「党の基本路線は100年間ゆるがない」と書かれている。

鄧小平の「先富論」

「先富論」とは、先に豊かになれる条件をととのえたところから豊かになり、その影響でほかが豊かになればよいというものです。

深圳、珠海、廈門などの沿岸部都市が「経済特別区*2」に指定され、そこでは、外国の資金が積極的に取りいれられました（改革開放政策）。その結果、中国は「世界の工場」とよばれる生産大国として急成長しました。しかも、生産大国と同時にヨーロッパやアメリカ、日本などにつぐ「消費大国」となっていきます。

*2 おもに外国からの投資や技術の導入を目的に外国企業に開放された地区。

2012年の上海の風景（下）。1973年（上）とくらべると、近年の経済成長によって、高層ビルが急増していることがわかる。

急激な経済成長

改革開放政策は中国の経済を大きく発展させ、GDPも大きく成長しました。

2003年、胡錦濤政権が誕生します。2020年のGDPを2000年の4倍にするという目標を立て、農村部でも「衣食がなんとかまにあう状態からさらに生活が向上し、衣食が足りた状態にすること」をめざすと発表しました。

●中国のGDPの推移

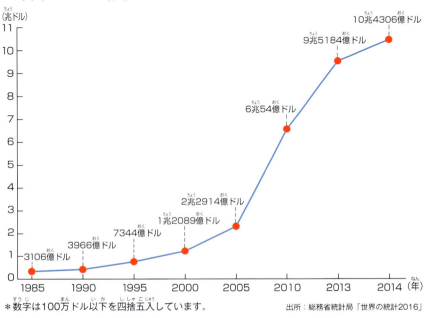

* 数字は100万ドル以下を四捨五入しています。　　出所：総務省統計局「世界の統計2016」

7 中国の貧富の差の拡大

中国では近年国全体としての経済発展の一方、
経済格差がどんどん拡大！深刻な社会問題となってきました。
「蟻族」や「鼠族」などとよばれる人たちまでいます。

個人の経済格差のようす

　中国の首都北京には、「SOHO現代城」という2012年に建てられた高層ビル群があります。近代的な外観のこれらのビルに部屋を借りているのは、実業家や起業家など「新富裕層（ニューリッチ）」とよばれる人たちです。中国の沿岸部の大都市では、大型テレビや大型冷蔵庫などをそなえた豪華マンションに住み、ドイツや日本の高級車に乗っているような人たちが急増しています。

　しかし、近くにある市場で働く人びとのなかには、地方からやってきた人がたくさんいます。彼らは地元では仕事がなく、ここにきて仕事をし、家族を養っています。出かせぎにきているのです。いつかは現代城に住むのを夢見ながら働いているのかもしれません。

ワンポイント情報

「蟻族」と「鼠族」

　中国では、近年「蟻族」や「鼠族」とよばれる人たちが増え社会問題になっている。「蟻族」は、大学を卒業しても安定した職につけずに、家賃が安くてせまい住宅で共同生活を送っている若い人たちのこと。北京市内にはこうした蟻族が10万人以上いると見られている。また、こうした蟻族よりもさらにきびしい生活を送っているのが「鼠族」だ。鼠族は地方から北京に働きに出てきたものの、一般の住宅は家賃が高すぎて手が出ないため、地下のせまい部屋でくらしている人たちをさす。蟻族とちがい、鼠族の年齢や学歴はさまざまだ。

複合ビル「SOHO現代城」は、中国で初めてSOHO（Small Office、Home Office）というコンセプトを前面に打ちだした。　写真：Imaginechina/アフロ

中国の江西省で畑を耕すためのすきをせおい、牛を連れて歩く百姓。農村部の人びとは現代的な生活とほどとおいくらしをしている。

農村の人びとの犠牲のうえで

「中国の改革開放政策による経済発展は、農村の人びとを犠牲にしたものだ」といった指摘があります。

農民の1人あたりの耕作面積は、日本よりもせまいといわれています。地方では、農業以外に働く場所がほとんどありません。家族のだれかが都市に出かせぎにでて家族を養っている家庭もかぞえきれません。

しかも、内陸部では、水不足や電力不足がおきている地域がたくさんあり、そこでは、医療、教育などさまざまな分野で不十分な状態です。そして内陸部にいくほど、より深刻な状況になっているといわれています。

都市部と農村部の一般家庭の平均収入の格差は、3倍以上といわれています。

政府は、沿岸部と内陸部の経済格差の拡大を防ぐ目的で、西部の大開発をはじめましたが、開発の重点地区に定められた都市以外では、格差はいぜんとして広がる一方です。しかも、今後も都市の一部の富裕層の収入はさらにのびると見こまれ、反面、農村の人びとの収入の増加は期待できないといわれています。

8 イギリスの変わらぬ階級社会

階級制度がなくなり、多くの人が中流だと感じている日本と異なり、イギリスでは、古くからつづく階級意識が残っています。

イギリスの発展と衰退

日本と同じく、島国であるイギリスは、18世紀なかばから19世紀にかけておこった産業革命*1にあとおしされ、世界じゅうの海にのりだします。そして、カナダからオーストラリア、インドや香港などをつぎつぎに植民地にしていきました。

しかし、そうしたイギリスの勢いは、第一次世界大戦までのことでした。

第二次世界大戦のあとになると、世界の覇者の地位を、アメリカにゆずりわたすことになります。

それでも国内では「ゆりかごから墓場まで*2」をめざし、世界でいちはやく福祉国家をつくりあげることに成功しました。

ところが、経済がしだいにいきづまってしまい、1960年代以降は、「イギリス病」とまでよばれる不景気に苦しみました。

1980年代、マーガレット・サッチャー首相が、経済をたてなおすためにさまざまな改革(民営化*3、行政改革*4、規制緩和*5など)をつぎつぎに実施。結果、ロンドンを中心に金融産業などが大きく成長をとげます。そして、1990年代に入り、イギリス経済はなんとか回復することができました。と

ころが、そのころには失業者が大量に発生。この背景には、海外から多くの移民がやってきて、やすい賃金で働くようになったことなどがありました。こうして、かつての福祉大国イギリスも、貧富の差がどんどん拡大する国となってしまいました。

*1 18世紀後半にイギリスにはじまった、技術革新による産業・経済・社会の大変革。19世紀前半にはヨーロッパ各国に広がった。
*2 国家の社会保障によって、うまれたときから死ぬまで豊かな生活を送れるようにしようという制度のこと。
*3 国や地方自治体がおこなっていた事業を民間の企業に任せること。
*4 国や地方自治体のこれまでの制度を見なおしたり、人員を減らすなどして効率のよい行政に変えること。
*5 企業活動を活発にする目的で、国などがこれまで課していたさまざまな法規制をゆるめること。

イギリスの変わらぬ階級社会

イギリスの階級意識

イギリスでは、古くからつづく階級意識が残っています。

- アッパークラス：上流階級（ごく一部の貴族など）
- ミドルクラス：中流階級・中産階級
- ワーキングクラス：労働者階級

こうした階級は、イギリス社会のあらゆる場面で今なお存在しています。

日常会話のなかでも、「アッパークラス」「ワーキングクラス」ということばがふつうに飛びかっています。同じ英語を話すのにも、階級のあいだでことばづかいも違えば、発音やアクセントも違います。アッパークラスの人びとはアッパークラスの英語をつかい、ワーキングクラスの人は、ワーキングクラスの英語をつかっているのです。

親が貴族であれば子どもも貴族、親が労働者であれば子どもも労働者という状況を受けいれ、どの階級出身かにより、人を判断することもあるといいます。

こうした背景には、下の階級の人が上の階級の人びとよりおとっているという意識がないことがあげられます。日本にもかつて、貴族がいましたが、現在は階級制度はなくなりました。

こうしたイギリスの階級社会は、日本人から見るとふしぎな感じがするね。でもイギリスでは、こうした状況が世代をこえてつづいているんだよ。

イギリスの名門校、オックスフォード大学を卒業する息子の写真をとる両親。現代では、実質的には上流階級にかぎらず、労働者階級出身者も学業の成績次第で、名門校に入学することができるが、階級による壁は大きく、労働者階級出身者が大学に進学することはまれである。

9 IT大国インドでは

近年、世界の「IT大国」に急成長した国があります。インドです。インドのバンガロールというまちが、今では世界を代表するIT都市になっています。

バンガロールのエレクトロニクス・シティにある、IT企業インフォシスのオフィス。　写真：ロイター/アフロ

インドの教育とIT

かつてインドは、イギリスの植民地にされていました。その時代からインドの教育熱は高く、イギリスで教育を受ける人もたくさんいました。

ところが、1947年に独立した当時、インドはパキスタンや中国との戦争や、宗教対立により、識字率（読み書きできる人の割合）が、低い状態がつづいていました。

独立と同時に首相となったジャワハルラール・ネルーは、教育を充実させ、識字率をあげることが国家発展の最大の鍵だと考えました。とくに算数・数学教育に力を注いだのです。日本の子どもたちは九九の暗唱をおこないますが、インドでは1×1から19×19まで暗唱するといった教育がおこなわれてきました。こうした教育がIT技術者を育て、世界でコンピュータ産業を発達させ、その成果が、1980年代に実をむすびました。

ところが、インド国内にはIT技術を生かせるような産業がありませんでした。そのため、技術者たちは外国へ目を向けることになったのです。

ワンポイント情報
インドの宗教対立

インドでは、昔からヒンドゥー教とイスラム教の宗教対立がつづいてきた。ところが、1991年の経済危機をきっかけに、宗教対立も弱まってきた。その理由のひとつは、IT大国への道をあゆんでいることがあげられる。1990年代になっておきた経済危機のなか、人びとは経済的に豊かになることを第一に考え、宗教的に対立する余裕がなかったという。

インドは、多民族国家であるために共通のことばとして英語がつかわれている。英語が話せることでインド人技術者たちは、世界へ、とくにアメリカへ出ていったんだ。

IT大国インドでは

そこが、世界のIT企業が集まる「エレクトロニクス・シティ」です。

どのビルも厳重に警備され、まるでアメリカのゲーテッドタウン(→p14)や東京の六本木ヒルズ(→p6)のようです。インドはもちろん、世界じゅうからITの知識や技術にすぐれた人たちが集まってきます。彼らにより、さまざまなIT技術が開発され、世界へ向けて発信されているのです。

インドの貧困層

2014年のインドのGDPは2兆549億ドルで、世界第9位です。ところが、インドの全人口のおよそ2割以上が、1日1.90(=約210円*)ドル以下でくらしているといわれています。

バンガロールのような地域は、インド全体から見ればきわめてまれです。ごく一部の豊かな都市と大多数の貧しい地域とでは経済格差が非常に大きくなっています。しかもその格差は近年どんどん広がってきています。

＊2016年11月21日現在。

まるでアメリカ

南インドのカルナータカ州の州都バンガロールの、旧市街地を自動車でぬけ、およそ1時間ほど走ると、とつぜんそれまでのインドの印象とはかけはなれたまちなみがあらわれます。

ワンポイント情報

マンモハン・シンの改革

1991年の経済危機の際にインドの財務大臣となったのが、貧困層出身のマンモハン・シンだった(のちにインドの首相となる)。彼は国営企業の民営化、外資の積極的導入、関税引きさげ、情報技術(IT)省を設立するなど、さまざまな改革に取りくんだ。経済危機こそが、自分も苦しめられてきたカースト制度*(→1巻p29)に代表されるような古いインド社会を打破するチャンスだと考えたという。下位カーストにうまれた人も教育を受けることによって、社会的地位を向上させることができるようになった。

＊「カースト」とはインドの社会集団のこと。バラモン教の儀式をつかさどる司祭階級「バラモン」をいちばん上として、王族、一般の人びと、奴隷の4つの身分からなる制度だったが、時代をへてさらに細かく分かれた。カーストは血統で決まり、選ぶことができない。身分の低い下位カーストの人びとはそのうまれによって、教育、結婚などさまざまな分野で差別を受けてきた。

10 IT技術がうんだあらたな経済格差

現在のアメリカでは、IT技術を習得している人と習得していない人とのあいだに賃金格差が生じ、それがどんどん拡大しているといわれています。

コンピュータをつかいこなせることを採用の条件とする企業も多い。

アメリカ社会の現実

近年アメリカでは、コンピュータや通信などの分野でIT化がどんどん進んでいます。それにつれて、ITと関係ない仕事をしている人の賃金が下がる現象が現れてきたのです。コンピュータをつかう仕事かどうかで、賃金に格差が生じているといわれています。

白人・黒人・ヒスパニック（→p13）などの人種間でもインターネット利用率などに大きな格差が生じ、それが経済格差につながっていることが指摘されています[*]。

情報技術をつかいこなせる人とつかいこなせない人のあいだにできた格差が「情報格差」とよばれるようになり、アメリカでも情報格差が社会問題になってきました。

情報格差は、IT教育を受けられるかどうか、コンピュータなどのIT機器を購入することができるかどうか、利用料をはらえるかどうかなどと関係します。このため、情報格差の背景には経済格差があるとされています。

これは23ページで見たインドのバンガロールで働く人たちと一般のインド人の違いと、本質的には同じだといえます。

インドの場合あまりにも極端ですが、同じことがアメリカにも、また、世界じゅうどこの国でもおこっていると見ることができます。

アメリカ商務省によると、コンピュータを利用する人の賃金は、つかわない人の賃金とくらべるとかなり高くなっているという調査もある。

[*] この指摘に対して「すぐれた能力をもつ人がコンピュータをつかっているのであって、コンピュータをつかっているかいないかが賃金格差をうんでいるわけではない」という意見もある。

IT技術がうんだあらたな経済格差

ロシアでは

近年、世界で「BRICs」とよばれる4つの国では、経済が大きく成長してきました。Bはブラジル、Rはロシア、Iはインド、Cは中国です。

ところがBRICsは、先進国にくらべると、IT化がおくれています。IT大国とよばれるインドさえ、国全体としてはかなりおくれているのです（→p22）。

BRICsのうちのロシアでも、IT化にともなう情報格差はいうまでもなく、家電製品の普及率でさえ、都市部と農村部ではいまだに大きなひらきがあります。

テレビこそ農村部でもほとんどの家庭に普及していますが、携帯電話（スマートフォン）やデジタルカメラなどについては、農村部の普及率はまだまだ低く、パソコンの普及率も先進国にくらべるとかなり低いのが実情です。

ロシアでは、情報格差が大きいことが経済発展のさまたげになっているとまでいわれています。

●BRICs 4か国

ロシア (Russia)
インド (India)
中国 (China)
ブラジル (Brazil)

ワンポイント情報

ロシアの携帯電話事情

IT化がおくれているロシアのなかでも都市部にかぎっては、携帯電話の普及率は、今では日本やアメリカ、西ヨーロッパとそうかわりがない。とくに首都モスクワでは、1人で2台もっている人も少なくない。

ロシア南部のアストラハンのデジタルカメラやスマートフォンなどを販売する店。ロシアでは、現在およそ1億200万台の携帯電話（その3分の1以上がスマートフォン）がつかわれている。

インターネット事情と英語の関係

インドが世界のIT大国になれた理由のひとつに、英語が公用語となっていることがあげられます。この本の最後はインターネットと英語について紹介します。

インターネットをつかって世界地図の学習をする子どもたち。

経済格差から情報格差へ

現在、先進国といわれる国ぐにでは、中学生ともなると、子どもの大半が週に数回以上インターネットをつかって勉強しているなどといわれています。

インターネットを利用することで得られる情報の量は膨大です。その結果、子どもたちが得られる知識にも大きな違いが出るといいます。

インターネットを利用すれば、どの国でも、あらゆる情報が得られます。

インターネットは、パソコンなどがなければ利用できません。また、インターネットのための回線を家や学校に設置することなどが必要です。インターネットをつかうには、パソコンを操作できる能力がなければならないのはいうまでもありません。

ところが、パソコンをつかえる能力は、その人が受ける教育によって変わってきます。

こう考えると、情報格差は、経済格差や教育格差（→3巻）と深く関係しているといえます。

インターネット事情と英語の関係

ウェブサイトの共通言語も英語

インターネットで、世界共通につかわれていることばは英語です。

世界じゅうで英語を話す人の数は、およそ4人に1人といわれていて、世界のウェブサイトの40％以上は英語で書かれています。

日本ではもちろん、日本語でインターネットを利用できますが、世界からの情報を見るのも世界へ向けて情報を発信するのも、英語をつかわなければなりません。

ところが、日本、韓国、中国のように、自分の国の言語で、インターネットをつかえる国はまだいいほうで、世界には自分の国の言語ではインターネットをつかえない国もたくさんあるのです。

英語がもたらすインターネット普及

インターネットの広がりは先進国のなかでも大きく違っています。

インターネットの発祥の地アメリカがとびぬけて普及しているのはいうまでもありませんが、イギリス、ドイツ、フランスなども、インターネット普及率が非常に高まっています。

その理由のひとつに、これらの国では、ラテン文字（ローマ字）がつかわれ、英語以外のドイツ語やフランス語などの言語も英語に近く、インターネットを利用しやすいことがあげられます。

英語をつかいこなせるかどうかは、世界の情報格差の原因のひとつになっているといわれているよ。

●世界のインターネットの普及率（2012年）

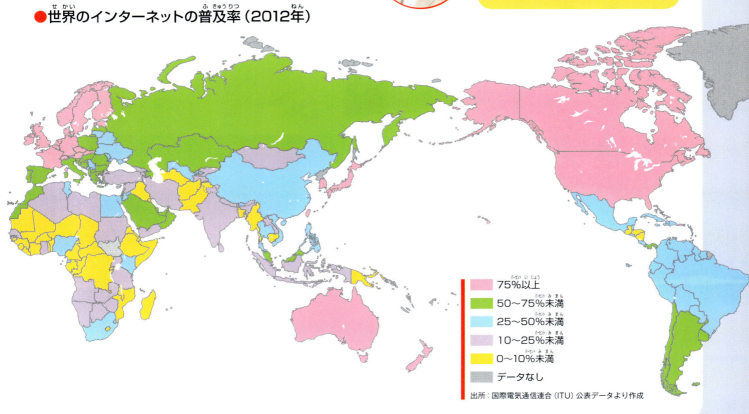

- 75％以上
- 50〜75％未満
- 25〜50％未満
- 10〜25％未満
- 0〜10％未満
- データなし

出所：国際電気通信連合（ITU）公表データより作成

11 日本の情報格差

日本の情報格差は、今にはじまったものではなく、昔からありました。しかしかつての情報格差と、今のIT格差とでは、ようすがずいぶん違っています。

昔からあった情報格差とは

　地域ごとで得られる情報に差がでることは、昔からいろいろとおこっていました。

　たとえば、首都圏や関西圏などでは、以前からテレビのチャンネル（地上波）がたくさんありました。一方で全国にはチャンネルが３つか４つしかない地方もたくさんありました。山奥や離島などではテレビがうつらないところさえありました。

　今でも衛星放送やケーブルテレビなどをつかわないと、多くのテレビチャンネルを見ることができない地方が少なくありません。

　都市部に住んでいれば無料で見ることができるテレビが、地方にいてはお金をはらわなければ見られないこともあります。見ることのできるチャンネルが多いのと少ないのとでは、手に入る情報の量に大きな差がでてきます。

　このように、テレビや新聞と接する量の多い少ないによって生じる情報格差は、昔からあったことがよくわかります。

家から歩いて通える場所に図書館があり、図書館サービスが容易に受けられるかどうかも、情報格差の一種だといわれている。

近年の情報格差

　近年では、以前おきていたかたちの情報格差は消えていく一方で、今度はIT機器がつかえるかどうかによる、あらたなIT格差が広がっています。

　現代社会では、IT機器をつかいこなす年齢層とそうでない年齢層とでは、手に入る情報や、得られる知識の量がまったく違うといわれています。

日本の情報格差

日本では、今はかなり解消されたとはいえるけれど、テレビやラジオを受信できるかどうかといった情報格差があったよ。これは「放送格差」といっているよ。放送格差は、最近では地上波、衛星波などによる放送サービスが受けられるかどうかというかたちで現れているね。「マスメディア格差」とよばれる、新聞、書籍、雑誌、CD、映画（映画館）などを、かんたんに利用できるかどうかといった情報格差もあるんじゃないかな。地方で、雑誌やCDの発売日がおくれることも、情報格差のひとつだといえるよ。

● 年齢層別インターネット利用状況（2014年）

区分	パーセント（%）
全体	82.8
6～12歳	71.6
13～19歳	97.8
20～29歳	99.2
30～39歳	97.8
40～49歳	96.6
50～59歳	91.3
60～69歳	75.2
70～79歳	50.2
80歳以上	21.2

出所：総務省「平成26年通信利用動向調査」

用語解説

本文中の覚えておきたい用語を五十音順に解説しています。

● **小泉純一郎**……5
1942年〜。自民党から衆議院議員に当選し、郵政大臣、厚生大臣などののち、2001年に第87代内閣総理大臣に就任。2006年まで首相をつとめ、郵政民営化などの政治改革を実施した。

● **高度経済成長**……4、7
1950年代半ばからの日本経済の急激な成長。1960年代の経済成長率は年平均10%をこえ、産業構造や国民の生活が急速に変化した。1973年にオイルショックがおこり、終了した。

● **国内総生産（GDP）**……13、17、23
一定の期間に、国内で生産されたものやサービスの付加価値（生産額から材料費などをのぞいたもの）の合計。国内の経済活動の水準をしめす指標となる。

● **国民総所得（GNI）**……13
国内総生産（GDP）に海外からの所得を加えたもの。2000年ごろから国民総生産（GNP）に代わって多くつかわれるようになった。

● **スラム街**……12
所得の低い人びとが密集して住んでいるところ。貧民街。

● **政府開発援助（ODA）**……13
先進国による発展途上国への支援。ある国を直接支援する二国間援助と、国際機関を通じておこなう多国間援助の2つがある。二国間援助には資金の返済をもとめる「有償資金協力」と、返済をもとめない「無償資金協力」、技術を提供する「技術協力」の3つがある。

● **第一次世界大戦**……12、20
1914〜1918年。三国同盟（ドイツ・オーストリア・イタリア）と三国協商（イギリス・フランス・ロシア）の対立を背景にしておこった世界的規模の戦争。1918年11月、ドイツの降伏によって終結。

● **第二次世界大戦**……5、20
1939〜1945年。ドイツ、イタリア、日本の枢軸国側と、アメリカ、イギリス、フランス、ソ連、中国などの連合国側にわかれて戦って、世界的に非常に大きな被害がもたらされた。1945年8月、日本がポツダム宣言を受諾し終了。

● **日本国憲法**……9
1946年に公布、1947年に施行された日本の憲法。「国民主権」「基本的人権の尊重」「平和主義」の3つを基本原則としている。

● **ユダヤ人**……14
ユダヤ教を信じる人びと。各地で迫害されてきた歴史をもつ。1948年にユダヤ人国家イスラエルを建国。

さくいん

あ行

IT ················· 7、22、23、24、25、26、28
アメリカ ············· 8、12、13、14、15、16、
　　　　　　　　　　　20、22、23、24、25、27
イギリス ··································· 20、21、22、27
移民 ··· 12、13、20
インターネット ··························· 24、26、27、29
インド ························· 20、22、23、24、25、26

か行

カースト制度 ······································· 23
階級 ··· 20、21
韓国 ··· 27
義務教育 ··· 9
教育格差 ·· 26
経済格差 ······ 4、8、10、12、14、15、18、19、23、24、26
ゲーテッドコミュニティ ·························· 14
ゲーテッドタウン ··························· 14、15、23
ゲットー ······································· 14、15
小泉純一郎 ·· 5
高度経済成長 ···································· 4、7
高齢者 ·· 10
国内総生産（GDP） ····················· 13、17、23
国民総所得（GNI） ································ 13

さ行

産業革命 ··· 20
識字率 ·· 22
失業者 ·· 20
ジニ係数 ··· 8
ジャワハルラール・ネルー ························ 22
情報格差 ····················· 24、25、26、27、28、29
スラム街 ··· 12

政府開発援助（ODA） ····························· 13
絶対的貧困 ·· 13
先富論 ··· 16
相対的貧困率 ································· 8、13

た行

第一次世界大戦 ································· 12、20
第二次世界大戦 ·································· 5、20
中国 ···················· 16、17、18、19、22、25、27
ドイツ ··· 18、27
鄧小平 ·· 16

な行

ニート ·· 11
日本国憲法 ·· 9

は行

ヒスパニック ································· 13、24
非正規雇用労働者 ································· 11
ヒルズ族 ·· 4、6
貧困層 ······································ 10、14、23
貧富の差 ·············· 4、5、6、8、10、11、12、
　　　　　　　　　　　　14、15、16、18、20
ブラジル ··· 25
フランス ··· 27

ま行

マーガレット・サッチャー ························ 20
マンモハン・シン ································ 23

や行

ユダヤ人 ··· 14

ら行

ロシア ·· 25
六本木ヒルズ ···································· 6、23

■ 監修

池上 彰（いけがみ あきら）
1950年長野県生まれ。慶應義塾大学卒業後、1973年、NHKに記者として入局。1994年から「週刊こどもニュース」キャスター。2005年3月NHK退社後、ジャーナリストとして活躍。名城大学教授、東京工業大学特命教授。著書に『ニュースの現場で考える』（岩崎書店）、『そうだったのか！ 現代史』（集英社）、『伝える力』（PHP研究所）ほか多数。

■ 著

稲葉 茂勝（いなば しげかつ）
1953年東京都生まれ。大阪外国語大学、東京外国語大学卒業。子ども向けの書籍のプロデューサーとして多数の作品を発表。自らの著作は『世界の言葉で「ありがとう」ってどう言うの？』（今人舎）など。国際理解関係を中心に著書・翻訳書の数は80冊以上にのぼる。2016年9月より「子どもジャーナリスト」として、執筆活動を強化しはじめた。

■ 企画・編集　　こどもくらぶ
■ 表紙デザイン　　尾崎朗子
■ 本文デザイン　　佐藤道弘
■ ＤＴＰ制作　　㈱エヌ・アンド・エス企画

この本の情報は、2016年12月までに調べたものです。今後変更になる可能性がありますので、ご了承ください。

■ 写真協力

表紙：写真：近現代PL／アフロ
大扉：写真：ロイター／アフロ
p9：© milatas - Fotolia.com
p10：HBS / PIXTA
p13：© hit1912 - Fotolia.com
p14：© Americanspirit | Dreamstime.com
p15：© Mark Rasmussen | Dreamstime.com
p16上：© alephnull | Fotolia.com
p16下：© Waihs | Dreamstime.com
p19：© Izf | Dreamstime.com
p21：© Lilly Trott | Dreamstime.com
p24上：© anastasiapelikh - Fotolia.com
p24下：© Yurolaitsalbert | Dreamstime.com
p25：© Mettus | Dreamstime.com
p26：Rawpixel / PIXTA
p28：Ushico / PIXTA

シリーズ・貧困を考える② 昔の貧困・今の貧困
歴史的変化　変わる貧困と変わらない貧困を考えよう！

2017年2月28日　初版第1刷発行　　〈検印省略〉

定価はカバーに表示しています

監　修　者　池　上　　　彰
著　　　者　稲　葉　茂　勝
発　行　者　杉　田　啓　三
印　刷　者　金　子　眞　吾

発行所　株式会社　ミネルヴァ書房
607-8494　京都市山科区日ノ岡堤谷町1
電話 075-581-5191／振替 01020-0-8076

©稲葉茂勝, 2017　　印刷・製本　凸版印刷株式会社

ISBN978-4-623-07922-3
NDC360/32P/27cm
Printed in Japan

シリーズ
貧困を考える

池上　彰／監修

稲葉　茂勝／著

27cm　32ページ　NDC360

❶ 世界の貧困・日本の貧困
国際比較　世界と日本の同じと違いを考えよう！

❷ 昔の貧困・今の貧困
歴史的変化　変わる貧困と変わらない貧困を考えよう！

❸ 子どもの貧困・大人の貧困
貧困の悪循環　子ども時代に貧困なら大人になっても？